PIERRE CHAMPION

NOTICE DES MANUSCRITS

DU PROCÈS

DE RÉHABILITATION

DE

JEANNE D'ARC

PARIS

LIBRAIRIE ANCIENNE HONORÉ CHAMPION

5, QUAI MALAQUAIS, 5

1930

BIBLIOTHÈQUE DU XVE SIÈCLE

TOME XXXVII.

NOTICE DES MANUSCRITS

DU

PROCÈS DE RÉHABILITATION

DE JEANNE D'ARC

PIERRE CHAMPION

NOTICE DES MANUSCRITS

DU PROCÈS

DE RÉHABILITATION

DE

JEANNE D'ARC

LIBRAIRIE HONORÉ CHAMPION

5, QUAI MALAQUAIS, 5

PARIS

NOTICE DES MANUSCRITS
DU PROCÈS DE RÉHABILITATION
DE JEANNE D'ARC

Les manuscrits contenant le texte des deux procès de
Jeanne d'Arc ont été étudiés avec soin par M. de l'Averdy,
académicien honoraire, dans un mémoire célèbre publié en
1790 au tome III des *Notices et Extraits des Manuscrits de la
Bibliothèque du Roi*. Cet érudit a décrit neuf manuscrits
(p. 177-185), renfermant le procès « d'absolution ou révision »
de Jeanne d'Arc, pour employer ses propres termes : 1º celui
qu'il nomme *le manuscrit du roi*, dont nous reparlerons, et
qui porte toujours le même numéro du fonds latin : 5970,
copie authentiquée par les notaires de la cause; 2º le manuscrit de la Bibliothèque du chapitre de Notre-Dame de Paris
(aujourd'hui fonds latin 17013), copie abrégée authentiquée
par les notaires de la cause; 3º le manuscrit qui a fait partie
de la collection de Brienne, nº 181 (aujourd'hui le ms. n. acq.
fr. 7152), copie du XVIIᵉ siècle; 4º une copie, non collationnée
et signée, conservée à la Chambre des Comptes, qui paraît
venir de la Bibliothèque de Caumartin (c'est la copie du
XVIIᵉ siècle portant l'*ex-libris* de Caumartin, conservée aujour-
d'hui aux Archives Nationales dans la série U 820); 5º une
autre copie moderne, conservée chez M. de Saint-Genis[1],

---

1. Collection de près de 1 500 volumes de dossiers manuscrits sur
le Parlement et l'histoire de France, vendue par sa veuve à Louis XVIII
en 1814. Brûlée au Louvre en 1871. (Communication de M. Seymour
de Ricci.) Lanéry d'Arc, *Livre d'Or...*, p. 552, dit que ce manuscrit aurait
appartenu à Charles du Lys.

auditeur des Comptes, semblable à la copie collationnée de la collection de Brienne; 6° une copie moderne, conservée chez M. de Flandres de Brunville, procureur du roi au Châtelet de Paris, qui avait acquis la célèbre bibliothèque de M. de Meinières; 7° une autre copie, non signée ni collationnée, conservée à la Bibliothèque de Saint-Germain-des-Prés et venant de la Bibliothèque de Harlay; 8° le manuscrit conservé à la Bibliothèque de Saint-Victor (aujourd'hui le ms. latin 14665); 9° un grand manuscrit déposé au dépôt de Législation, Chartes et Monuments historiques de la place Vendôme (c'est le célèbre ms. dit de d'Urfé, latin 8838, en partie du xv⁰ et du xvi⁰ siècle).

Enfin, p. 189, M. de l'Averdy signale dans la Bibliothèque de Rohan Soubise un manuscrit qui portait les armes de la maison d'Armagnac, contenant entre autres le texte des informations de 1452 et divers mémoires justificatifs : c'est l'extrait retrouvé à la Bibliothèque de Bologne, ms. 1234, xvi⁰ siècle, publié par Mgr Dubois de la Villerabel en 1890, et dont le texte se rencontre aussi à la Bibliothèque de l'Arsenal, n° 2148, parmi les mss. de Paulmy (xviii⁰ siècle).

L'étude que Jules Quicherat inséra, en 1849, au tome V de l'édition célèbre de son *Procès de Jeanne d'Arc*, p. 447-461, fait connaître treize manuscrits : 1° l'exemplaire de la Bibliothèque du Roi (ms. lat. 5970); 2° le ms. du fonds de Notre-Dame (ms. lat. 17013); 3° le ms. du fonds de Saint-Victor, n° 285 (ms. lat. 14665); 4° le ms. supplément fr., n° 350¹¹ (ms. fr. 7602), copie du xvi⁰ siècle; 5° le ms. supplément fr. 350¹⁰ (ms. fr. 7601); 6° le ms. supplément lat., n° 952 (ms. lat. 9028 et 9029); 7° le ms. de la collection Brienne, n° 181 (n. acq. fr. 7152); 8° le ms. de la collection Serilly, aux armes de Colbert, copie du précédent (cédé en 1878 au British Museum); 9° le ms. Saint-Germain Harlay, n° 51 (ms. lat. 11801), copie du xvii⁰ siècle; 10° le ms. de la Bibliothèque de Genève, ms. fr. 86 (copie du xvi⁰ siècle d'après le ms. de Saint-Victor et donnée à la ville par J.-J. Rousseau);

11º le ms. du Vatican, fonds de la reine Christine, nº 1916, copie authentique d'après le ms. de Notre-Dame, exécutée en 1475 par deux notaires d'Église parisiens, Jean Cordier et Pierre Mesnart, à la requête d'illustres personnages qui voulaient que la mémoire des belles actions de Jeanne d'Arc se perpétuât; 12º un ms. de la bibliothèque de Bennet's College à Cambridge; 13º un manuscrit original cité par Edmond Richer dans l'*Advertissement au lecteur* de son « Histoire manuscrite de Jeanne d'Arc », appartenant à M. du Lys, avocat général à la Cour des Aides, sur lequel nous reviendrons, et qu'il n'avait pu retrouver.

M. Pierre Lanéry d'Arc (*Livre d'Or de Jeanne d'Arc*, 1894, p. 551-554), ajoute à ces sources un certain nombre de manuscrits contenant les mémoires des docteurs (Bibl. Vaticane : fonds ottobonien 3878; Bibl. Nat., ms. lat. 9790, copie du manuscrit ottobonien; Bibl. Nat., ms. lat. 13837, provenant de Saint-Germain-des-Prés). Il a lui-même édité les *Mémoires et consultations en faveur de Jeanne d'Arc... pour servir de complément et de tome VI aux procès de Condamnation et de Réhabilitation de Jules Quicherat*, 1889. Il signale en outre comme contenant le procès de Réhabilitation un manuscrit de la Bibliothèque de Saint-Genis provenant de la collection de Charles du Lys; le manuscrit de la Bibliothèque du Vatican, fonds de la reine Christine, nº 1916[1]; un manuscrit de la cathédrale de Coutances; le manuscrit des Archives Nationales, in-fol. sur vélin; un manuscrit de la Bibliothèque Méjanes à Aix, nᵒˢ 433-434 (XVIIᵉ siècle); un abrégé existant à la Bibliothèque de Rouen, Collection Leber, tome VII.

Comment nous retrouver au milieu de tant de sources, comment déterminer les exemplaires originaux qui seuls méritent de retenir notre attention? Tel est l'objet de la présente notice.

1. C. G. H. Pertz, Archiv, 1874, t. XII, p. 328. Voir aussi, p. 311, les nᵒˢ 891 et 948. Le ms. venant de Petau est le Reg. lat. 940; une autre copie, avec les armes d'Angelo Maï, est le Reg. lat. 891.

**

En étudiant le ms. lat. 17013, mon attention a été retenue, comme celle de Quicherat, par la mention marginale du fol. 3 r⁰ : *Tractatus de quibus in hoc octavo articulo fit mencio solum sunt inserti in duobus magnis processibus propter eorum prolixitatem.* Comme ce manuscrit porte au bas de chaque page et à la fin du texte les signatures des notaires de la cause, Denis le Comte et François Ferrebouc, le ms. lat. 17013 est l'un des trois authentiques du procès de Réhabilitation : mais c'est une copie abrégée pour le chapitre huitième où l'on trouve seulement le mémoire de Gerson (fol. 173 v⁰). Quicherat a déjà fait remarquer que cet abrégé est d'ailleurs assez libre. L'histoire de ce manuscrit, j'allais écrire de cette relique, qui comprend 180 ff. de papier et quelques feuilles de vélin, de format petit in-fol., aujourd'hui recouverts d'une basane verte, est fort intéressante. Elle est résumée dans la marque primitive : *Invent. CXV*, et dans l'inscription du XVI⁰ siècle à l'encre rouge : « Je suys de la librairie de Nostre Dame de Paris »; et plus récemment : « à l'Église de Paris, H. 10. N⁰ D⁰ 138 ». A Notre-Dame de Paris a été entendue la plainte de la famille de la Pucelle. Qui ne tournerait donc sans émotion les pages de ce beau manuscrit, le seul authentique qui ait reçu les soins de l'enlumineur sur une jolie lettre ornée qui brille à la première page! Des vers de Martial de Paris, dit d'Auvergne, imprimés dans les *Vigilles du roi Charles VII*, datant de 1484, nous apprennent que ce livre avait été donné à la librairie de la cathédrale par Guillaume Chartier, l'évêque de Paris, ce parfait honnête homme, qui avait pris une si grande part à la réhabilitation de Jeanne :

> Ou proces de son innocence
> Y a des choses singulieres
> Et est une grande plaisance
> De veoir toutes les deux matieres.

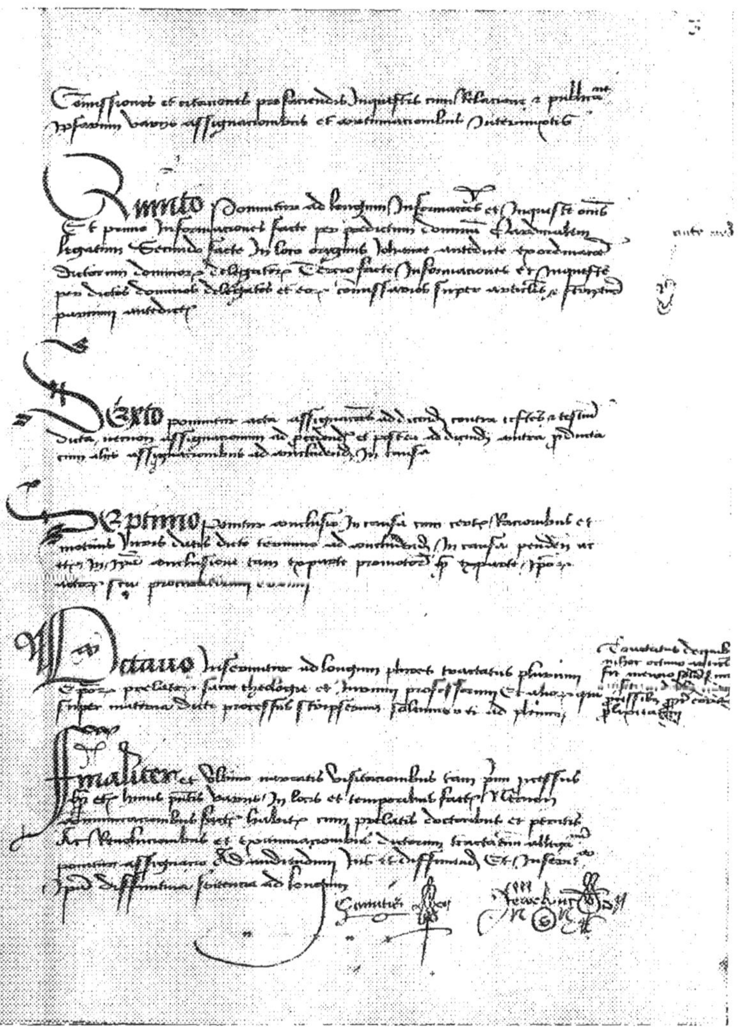

BIBL. NAT., MS. LAT., 17013

> Le dit proces est enchesné
> En la librairie Nostre Dame
> De Paris, et fut la donné
> Par l'evesque dont Dieu ait l'ame.

Nous savons en effet que ce manuscrit fut déposé à la mort de Guillaume Chartier, en 1472, à la célèbre bibliothèque par ses exécuteurs testamentaires, que le chapitre le fit relier entre deux ais aux armes de l'évêque et enchaîner comme un trésor à un pupitre[1]. C'est ce texte qui servit à la célèbre copie faite pour le couvent de Saint-Victor au temps de Charles VIII, dont nous reparlerons. A la fin du xvie siècle, le jésuite Mariana le consulta pour rédiger la notice sur Jeanne d'Arc qu'il inséra dans son *Histoire d'Espagne*, l. XX. Edmond Richer en fit aussi usage dans son *Histoire de Jeanne d'Arc* (vers 1628). Lenglet-Dufresnoy a dû le voir un des derniers à Notre-Dame, car en 1756 il passa dans la Bibliothèque du Roi, au temps où le chapitre céda ses manuscrits à Louis XV qui lui faisait bâtir une sacristie monumentale.

II

Puisque le manuscrit de Notre-Dame est indubitablement une copie authentique abrégée du procès de Réhabilitation, il nous faut retrouver les deux autres « grands procès » pour tenir tous les éléments pouvant servir à l'établissement du texte célèbre.

L'un d'eux est depuis fort longtemps connu. C'est le texte cité comme le « manuscrit du Roi » par M. de l'Averdy (Bibl. Nat., ms. lat. 5970).

Même après la notice de Jules Quicherat (tome V, p. 447-449), l'histoire de ce manuscrit est à retracer.

Le manuscrit latin 5970 est un volume de très grand format in-folio oblong de 207 ff. de vélin, dans une reliure de maroquin rouge aux armes de France sur les plats. Au dos on lit : Processus jutificationis joannae darc, et l'on voit

1. Quicherat, tome V, p. 218, 219.

les L affrontés de Louis XV. Ce manuscrit est bien une copie authentique du procès de Réhabilitation, signée à chaque recto par Denis le Comte et François Ferrebouc; il porte, à la fin, les attestations authentiques de leur main et le dessin de leurs signets.

On lit dans le haut du fol. 1 : *Tab. juris civilis j^a super fine liber XVI*, puis les chiffres postérieurs 187 et 6817. Le chiffre 187 est de la main de Dupuy; le n° 6817, de la main de dom Clément, gardes de la Bibliothèque du Roi. Mais la mention *Tabula juris civilis* est sans contestation possible de la main du garde de la Bibliothèque de Blois au XVIe siècle. On retrouve d'ailleurs ce volume décrit en 1518 par Guillaume Petit dans les *Catalogues de Blois* publiés par M. H. Omont, p. 175 : « Le Procès de la Pucelle couvert de velours violet. » Tel était bien le vieux costume qui habillait les livres de Charles d'Orléans, et ceux qui appartinrent à Louis XII avant de venir à Fontainebleau former la librairie de François Ier. Si Quicherat avait identifié la rubrique *Tabula juris civilis*, il n'aurait pas écrit que c'était là l'exemplaire du Trésor des Chartes, celui qu'y fit déposer Louis XI. Et l'Averdy n'aurait pas reconnu en lui l'exemplaire du roi. Le manuscrit latin 5970 n'est entré à la librairie royale qu'au XVIe siècle, avec les autres livres de Blois.

Nous avons donc sous les yeux l'exemplaire fait pour Charles d'Orléans ou pour le Bâtard, témoin important comme on le sait, du procès de Réhabilitation. Si Charles d'Orléans n'a jamais parlé dans ses vers de celle qui voulait aller en Angleterre pour le délivrer, il s'est montré généreux envers sa famille; et le culte de Jeanne d'Arc à Orléans s'est manifesté par la fête communale d'une manière ininterrompue depuis la prise des Tourelles. Il est juste, il est bien que nous retrouvions parmi les livres de Charles d'Orléans la justification de la Pucelle, compagne de son frère le Bâtard.

Il s'agit d'ailleurs d'un fort bel exemplaire de l'un des deux grands procès, contenant les mémoires du chapitre VIII,

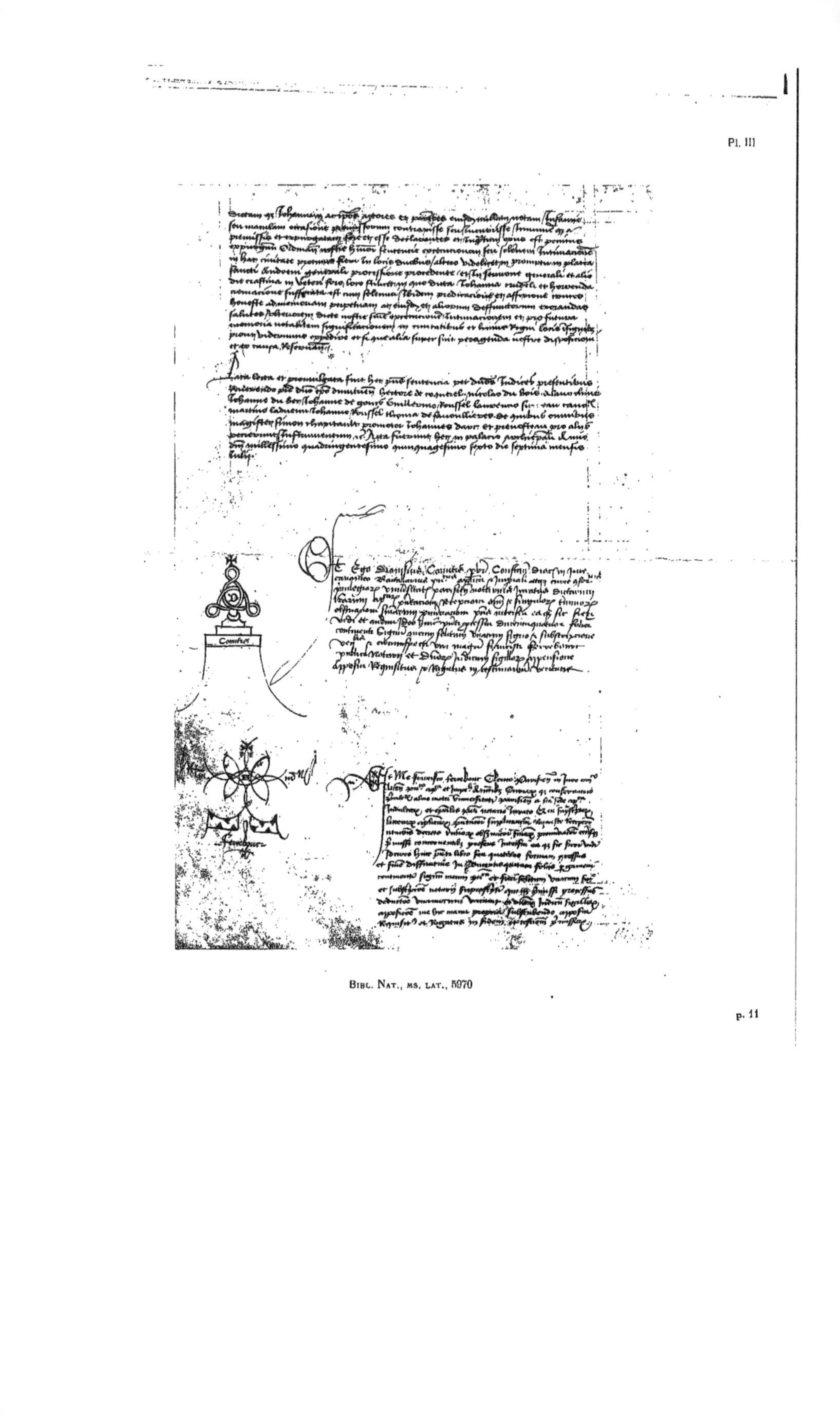

BIBL. NAT., MS. LAT., 5970

omis en partie par la copie authentique de Notre-Dame.
Nous en donnerons ici le détail :

Fol. 110 r⁰ : *Sequntur consideraciones et tractatus prelatorum
pariter et doctorum inferius designatorum qui super factis et
dictis Johanne Puelle antedicte et super processu predicto contra
dictam Johannam agitato suas consideraciones dediderunt prout
inferius in opinionibus atque tractatibus immediate sequentibus
describuntur.*

*Et primo incipit opusculum Magistri Johannis de Jarsonno,
cancellarii parisiensis, super facto Puelle antedicte edditum
Lugduni anno Domini millesimo quadragentesimo vicesimo nono
die decima quarta maii que fuit vigilia Penthecostes post signum
habitum Aurelianis in depulsio: obsidionis anglicane.* Super
facto Puelle....

Fol. 111 r⁰ : *Sequitur consideracio reverendi patris domini
Helye episcopi Petragoricensis....* Scriptum est....

Fol. 132 v⁰ : *... Incipit oppinio et consilium Thome Lexo-
viensis episcopi....* Consulendo....

Fol. 144 r⁰ : *Juste quod justum est persequeris...* fol. 151 r⁰ :
Sic signatum : M. Berruier.

Fol. 151 r⁰ : *Cum citra paucos dies....* Dans la marge : DOMINUS
JOHANNES ABRINCENSIS EPISCOPUS.

Fol. 153 r⁰ : *Premissa Excusacione....* Dans la marge : DOMI-
NUS JOHANNES DE MO[NTIGNY] DECRETORUM DOCTOR.

Fol. 160 r⁰ : *Ad honorem et gloriam regis regum....* Dans la
marge : MAGISTER DECANUS [Novionensis]

Fol. 163 v⁰, fin du mémoire : — *Et postmodum in ipsam
rediisse invenitur.*

Fol. 164 r⁰ : *Sequitur consideracio seu opinio venerabilis viri
magistri Roberti Siboule sacre theologie professoris...* fol. 174 r⁰ :
Sic signatum : Robertus CYBOLE.

Fol. 174 r⁰ : *Post presentacionem igitur dictarum allega-
cionum....*

Fol. 175 r⁰ : *Sequitur recollectio predicta continens nonna
capitula....* Dans la marge : FRATER JOHANNES BREHAL

predicator sacre theologie et in regno Francie in[quisitor]
Secundum Philosophum.

Ajoutons que le manuscrit latin 5970, au fol. 205 r⁰, donne,
sur deux colonnes, une longue pièce en vers latins :

Scribere fert animus gestorum pauca Puelle...

qui a été reproduite par Quicherat, tome V, p. 25.

Le ms. lat. 5970, écrit régulièrement par les scribes de
l'officine de François Ferrebouc, ne comporte aucune orne-
mentation. Fol. 1ʳᵒ, l'E capital de EXIGIT a été laissé en blanc,
preuve que le manuscrit devait passer par la suite entre les
mains d'un enlumineur pour recevoir une lettre ornée. Mais
les scribes ont dessiné à la plume quelques lettres capitales,
comme l'I du fol. 2 r⁰, du fol. 5 r⁰.

Au fol. 153 r⁰, un blanc a été réservé, au début de la consultation de Jean de Montigny, pour recevoir une lettre
enluminée. Le cas se représente au début des différents cha-
pitres de la *Recollectio* de Jean Bréhal. Arrivés à la fin du
long labeur de leur transcription, on peut dire que les scribes
se sont divertis. C'est ainsi qu'au fol. 202 v⁰ nous rencontrons
la lettre ornée A (ANNO *quo supra...*) qui ne manque pas
d'intérêt. Nous y voyons nettement la figure d'un monstre
marin[1] au long bec qui dévore la fleur de lys. Sur le jambage
de l'A et dans la panse de la lettre, on distingue des figures
grimaçantes et encore la tête aiguë du même poisson.

La lettre ornée du fol. 203 v⁰ n'est pas moins intéressante.
C'est l'I capital de IN NOMINE, par où débute la sentence de
Réhabilitation. On distingue une fleur de lys mi-partie, et
de l'autre côté une petite figure coiffée du grand chapeau
que l'on voit parfois sur la tête des juges et des évêques.

L'interprétation satirique de la lettre A est aisée. Le poisson qui dévore la fleur de lys, c'est l'Angleterre qui s'était
jetée sur la France, et les figures grimaçantes semblent être
celles des premiers juges.

---

1. Un dauphin? Mais une allusion aux différends du dauphin avec
le roi ne s'expliquerait guère ici.

Anno domini millesimo quadr[...]
mensis vero July die secunda p[...]
d[omi]n[u]s valesii divina providen[...]
dores[...] cur[...] constan[...] et Johan[...]
[...]pue parisien[...] suo proprio [...]

Forma Et tenor pronu[...]

In nomine
sancti [...] Et[...] majesta[...]
homo. Beatum p[...]orum et a[...]
[...]s[...] speculatores p[...]
dor[...] univ[er]sos. Bone an[...]
[...]ria per studiorum panonie [...]
[...]ngen in hac parte. Et Johan[...]
dei gracia archiepisc[opus] et ep[iscopu]s ac[...]
parte theologie professor h[...] j[...]
a sanctissimo d[omi]no nostro papa n[...]
nobis solemn[...] agitato In vim f[...]
nobis diversi[...] pro parte honest[...]
et Johannis dilectorum dav[...] frat[...]
bone memorie Johannis dav[...] Wol[...]
part[...]m nominibus actorum [...]
pravitatis In dioc[esi] belvac[ensi] [...]
criminalium. Expedit more belvar[...]
dominum guillermum de bella[...]
[...]m hac parte sinistre[...] r[...]de[...]

La lettre I qui illustre le début de la sentence rappelle dans sa décoration la présence morale du roi de France à la Réhabilitation. La figure du bonhomme au grand chapeau indique celle du juge ecclésiastique, sans doute le bon juge du deuxième procès. Telle était apparemment l'opinion des clercs de l'officine de François Ferrebouc, celle de la boutique parisienne que d'une manière spontanée un ancêtre de Gavroche traduisit au sujet du solennel procès.

III

En étudiant récemment au British Museum de Londres le manuscrit décrit dans le catalogue du fonds Stowe, je n'ai pas eu de peine à reconnaître, à la suite de l'auteur du catalogue[1], la seconde copie authentique des *duo magni processus* inconnue de Jules Quicherat et de tous ceux qui ont parlé du procès de Réhabilitation de Jeanne d'Arc.

Le ms. Stowe 84 a été décrit très exactement par le rédacteur du catalogue anglais. C'est un grand volume oblong du même format et ayant la même apparence que le ms. de la Bibliothèque Nationale lat. 5970. Il comprend 182 ff. de vélin. Denis le Comte et François Ferrebouc attestent en outre (en faisant d'ailleurs une erreur de calcul) le nombre des feuillets : *Numerus foliorum in hoc volumine contentorum est de centum sexaginta tribus foliis signis nostris manualibus ex utraque parte signatis dempto presenti.* COMITIS. FERREBOUC.

Denis le Comte a signé chaque page au verso et François Ferrebouc, à chaque recto, sauf au fol. 1 dont le recto et le verso portent leurs deux signatures. Au fol. 182 on rencontre les attestations authentiques de ces deux notaires de la cause, mais dans un ordre différent de celui présenté par le ms. lat. 5970.

Et me Francisco Ferrebouc clerico in jure canonico licen-

1. *Catalogue of the Stowe manuscripts in the British Museum*, vol. I, 1895 (préface d'Edw. J. L. Scott, keeper of the Mss.). La traduction de l'article qui concerne le numéro 84 a été publiée dans la *Bibliothèque de l'École des Chartes*, tome LVI, 1895, p. 428-429.

ciato publico apostolica et imperiali auctoritatibus curiarumque
conservacionis privilegiorum alme matri Universitati parisiensi
notario jurato et in supra inscriptarum licterarum apostoli-
carum presentacioni recepcioni processus deductioni sentencie
prolationi ceterisque premissis presens fui ea quidem
diebus mensibus et annis quibus supra annotatur fieri vidi.
Idcirco huic integro processui signum meum publicum et fieri
solitum apposui cum signo et subscripcione notarii infrasub-
scripti, requisitus et rogatus in testimonium premissorum.

Et ego Dionisius Comitis, presbiter Constantiensis diocesis,
in jure canonico baccalarius, publicus apostolica et imperiali
auctoritatibus notarius, dictarum licterarum apostolicarum pre-
sentationi, terminorum, observationi licterarum, testium pro-
ducionem examinacione ceterisque premissis omnibus et sin-
gulis dum fiat ut pronuncietur coram dictis dominis judicibus
dicerentur, agerent et fierent, una cum testibus presens interfui
eaque sic fieri vidi et audivi. Ideo huic integro processui pro
fideliter scripto signum meum solitum una cum signis et
subscriptione suprascripti magistri Francisci apposui, requi-
situs et rogatus.

Le manuscrit me paraît transcrit par les mains des clercs
de l'officine d'où sortirent les copies du ms. lat. 17013 et du
ms. lat. 5970. Le ms. Stowe 84 commence par ces mots en
lettres capitales : EXIGIT RACIONIS ORDO ET RECTA.... L'E
capital de l'incipit était certainement destiné à être enluminé;
il contient dans sa panse inférieure trois petites fleurs de lys,
et une autre fleur de lys plus petite. Au début surtout on
trouve une assez grande fantaisie et des grotesques dans
les lettres ornées, suivant un usage cher aux scribes de la
chancellerie. Au fol. 2 v°, on remarque le cavalier chargeant,
l'épée à la main, petit dessin destiné lui aussi à être enluminé.
Au fol. 119 v° il y a lieu de signaler encore l'indication
marginale contemporaine : *Hic de Clodoveo Francorum rege*
primo christiano hystoria, sur laquelle nous reviendrons.

Ce qui distingue essentiellement le ms. Stowe 84 du ms.

BRITISH MUSEUM, MS. STOWE 84

p. 14

lat. 5970, est la composition du chapitre VIII (fol. 108-171), dont on trouvera ici pour la première fois le détail :

Fol. 108 v⁰, *Super facto Puelle et credulitate ei prestanda...* (c'est le traité de Gerson qui se lit au fol. 110 du ms. 5970).

Fol. 109 r⁰, *Opus reverendi patris domini Helye episcopi Petragorencis in processum Johanne condam electe a Deo Puelle. Scriptum est* (cf. ms. lat. 5970, fol. 111 r⁰). Ce mémoire d'Elie de Bourdeilles se termine au fol. 129 v⁰ : *ad presens sufficiant.* On trouve un blanc de dix lignes, puis le traité, donné sans nom d'auteur : Juste *quod justum,* qui est celui de Martin Berruyer (cf. ms. lat. 5970, fol. 144 r⁰). Cette consultation se termine par ces mots : *in secula seculorum,* AMEN (fol. 135 v⁰). Il manque donc la souscription[1].

Le texte qui suit, fol. 136 r⁰, secundum philosophum est la *Recollectio Johannis Brehalli* (ms. lat. 5970, fol. 175 r⁰, et Lanéry d'Arc, p. 396). Le premier chapitre du traité de Bréhal se termine avec le paragraphe 12 : *susceperamus declarandum* (Lanéry d'Arc, p. 563). Mais la souscription est différente : *Explicit itaque feliciter. Laus Deo. Amen.* Suit le BREVIS EPILOGUS : EST SI ALIAS *in hac dignissima causa quedam alia pro mediocritate compegerint...* qui n'est pas ailleurs. On lit au bas du fol. 164 r⁰ la souscription : *Opusculum fratris Johannis Brehalli ordinis fratrum predicatorum sacre theologie professoris minimi ac contra hereticam labem per regnum Francie inquisitoris exigui in processum olim adversus Johannem electam Puellam per Anglicos ipsius regni semper hostes iniquissime pretensum.*

Au fol. 164 r⁰ commence le traité de Guillaume Bouillé : *Tractatus venerabilis et scientifici viri magistri Guillermi Bouyllé sacre theologie professoris, decani Noviomensis.* AD HONOREM *et gloriam regis regum* (cf. Lanéry d'Arc, p. 349).

Fol. 171 : *Sequitur tractatus magistri Roberti Cibole.* DE PUELLA... (cf. ms. lat. 5970, fol. 164 r⁰, et Lanéry d'Arc, p. 352).

---

1. Cf. Quicherat, tome III, p. 317, et Lanéry d'Arc, p. 268.

Ce traité se termine par la signature CIBOLE (fol. 179 r⁰) :
Post presentationem (cf. Quicherat, tome III, p. 329).

En résumé le ms. Stowe omet les mémoires de Thomas
Basin, de Jean de Montigny et de l'évêque d'Avranches. Il
donne le *Brevis epilogus* de Jean Bréhal qui manque au ms.
lat. 5970. Les mémoires de Gerson, d'Elie, évêque de Périgueux, de Martin Berruyer, de Guillaume Bouillé, de Cibole
et la *recollecio* de Bréhal se rencontrent à la fois dans le ms.
lat. 5970 et dans le ms. Stowe 84.

Si nous voulons maintenant écrire l'histoire du ms. Stowe,
nous nous trouvons devant une grande difficulté. Une seule
note marginale en français[1], qui me paraît dater du XVIIᵉ siècle, indique qu'à cette époque notre manuscrit était encore
entre des mains françaises. Il a perdu ses feuilles de garde,
tous témoins; et la reliure très riche qui le recouvre, de maroquin grenat, date seulement de 1830; elle est semblable à celles
que produisit Charles Lewis. Sur le dos on lit : PROCESSUS
JUSTIFICATIONIS JOHANNE D'ARC ms. in MEMBRANIS Brit.
Mus. Stowe 84.

On sait que la plupart des manuscrits qui ont formé la
collection Stowe furent recueillis par Thomas Astle, garde
des archives de la Tour, un zélé collectionneur et un anti-
quaire distingué, spécialiste de la paléographie. Thomas
Astle, auteur de nombreux catalogues, naquit en 1735 et
mourut en 1803[2]. Astle, qui avait des obligations envers la
famille Grenville, voulut bien par testament que le marquis
de Buckingham reçût la première offre de sa collection de
manuscrits moyennant la somme de 500 L. C'est ainsi qu'en
1804 les manuscrits d'Astle furent transférés à Stowe jusqu'en
1849 où ils demeurèrent dans la collection de Buckingham et
Chandos. A la vente de lord Ashburnham, une option qui
joua cette fois en faveur du British Museum fit entrer ses

---

1. Fol. 2 « 17 noᵇʳᵉ 1455 ». Cette inscription me semble même de la main
de Denis Godefroy. (Cf. H. Stein, *Album d'autographes de savants et
érudits français des* XVIᵉ, XVIIᵉ *et* XVIIIᵉ *siècles*. Paris, 1907, pl. XVI.)
2. Sur ce personnage, voir le *Dictionnary of National Biography*.

précieux manuscrits au Musée Britannique. Tout ce que nous pouvons donc savoir, c'est que la copie authentique du procès de Réhabilitation qui avait été entre des mains françaises au xviie siècle, se trouvait en Angleterre à la fin du xviiie siècle ou dans les premières années du xixe siècle.

Mais j'ai eu la bonne fortune de me souvenir d'un passage de « l'Advertissement au lecteur » de l'*Histoire de Jeanne d'Arc* par Edmond Richer (Bibl. Nat., ms. fr. 10448) qui permet d'ajouter un renseignement nouveau sur le manuscrit qui nous occupe. Edmond Richer, qui écrivait vers 1628[1], nous parle ainsi des pièces originales qui lui ont permis d'écrire son histoire :

« La troisiesme piece originale est la Revision de ce procez dont j'ay eu deux originaux. l'un du thresor de l'Église Nostre Dame de Paris[2], l'aut. · ·· Bibliotheque de Monsieur du Liz, conseiller du Roy e son advocat general en la Cour des Aides : lesquelz originaux sont signez, et contresignez à chascun feuillet : Dionysius Comitis, et Franciscus Ferrebouc, notaires, qui ont instrumenté en la revision du procez ou furent produits six traitez latins pour servir de griefs et contredits contre les actes, et pretendues accusations des ennemys de la Pucelle. Le premier de ces traitez est un opuscule que Maistre Jean Gerson composa en faveur de cette fille, incontinent qu'elle eut fait lever le siege d'Orleans; le second est de messire Helie de Bordeille, cordelier, evesque de Perigueux, et depuis archevesque de Tours et cardinal; le troisieme a pour nom ces trois lettres capitales M. E. N., souscrites à la fin de ce discours; le quatriesme est de frere Jean Brehal, dominicain, docteur en theologie, inquisiteur de la foy au royaume de France par commission du Saint Siege; le cinquiesme, de Robert Cibole, docteur en theologie et chancellier de l'Université de Paris; le sixiesme de Me Guil-

---

1. Voir l'introduction de Ph. Dunand, *la Première histoire en date de Jeanne d'Arc*, 1625-1630, Paris, 1911, p. 39-40.
2. Bibl. Nat., ms. lat. 17013.

laume Bouilé, aussi docteur en theologie, et doyen de l'eglise de Noyon : lesquels autheurs declarent expressement que la Pucelle n'estoit en rien justiciable de l'evesque de Beauvais, attendu qu'elle n'avoit tiré sa naissance ny eu domicile, **ny** mesme esté prise en son diocese, et parlent de choses qu'ilz scavoient tres bien. »

On voit que le détail donné par Edmond Richer correspond point par point à la composition du ms. Stowe. Les trois lettres M. E. N. forment le mot AMEN que Richer a mal lu, ou trop vite, sur ses notes; ces trois lettres que Quicherat proposait de corriger M. E. C., MARTINUS EPISCOPUS CENO-MANNENSIS [1].

Ma première pensée, en constatant que le manuscrit Stowe avait été entre les mains de Charles du Lys, au début du XVIIe siècle, et dans tous les cas avant 1635[2], époque où Charles du Lys était mort, fut d'induire que cette copie authentique était l'original d'un des deux grands procès remis à la famille de Jeanne d'Arc, comme ma première pensée était de croire que le ms. lat. 5970 pouvait être l'exemplaire du roi, le ms. de Notre-Dame représentant l'autre partie, celle de l'Église de Paris intéressée au procès de Réhabilitation par la personnalité de Guillaume Chartier. Mais il faut se défier en histoire des conjectures, même des plus logiques, des plus vraisemblables, pour s'en tenir aux faits seuls, s'en remettre sans parti pris à ce que les manuscrits nous révèlent d'eux-mêmes, ou à ce que nous apprennent sur eux des témoignages historiques certains.

Aujourd'hui, en dépit de tout ce qu'a de séduisant la conjecture du ms. Stowe comme représentant le manuscrit remis à la famille de Jeanne d'Arc, je tiens la copie authentique du Musée Britannique pour l'exemplaire royal remis par Louis XI au Trésor des Chartes [3], et dont nous croyons

---

1. Cf. Quicherat, tome V, p. 463. — 2. E. Richer mourut en 1631.
3. Ce dépôt est attesté par une note de Lenain reproduite par Quicherat, tome V, p. 254.

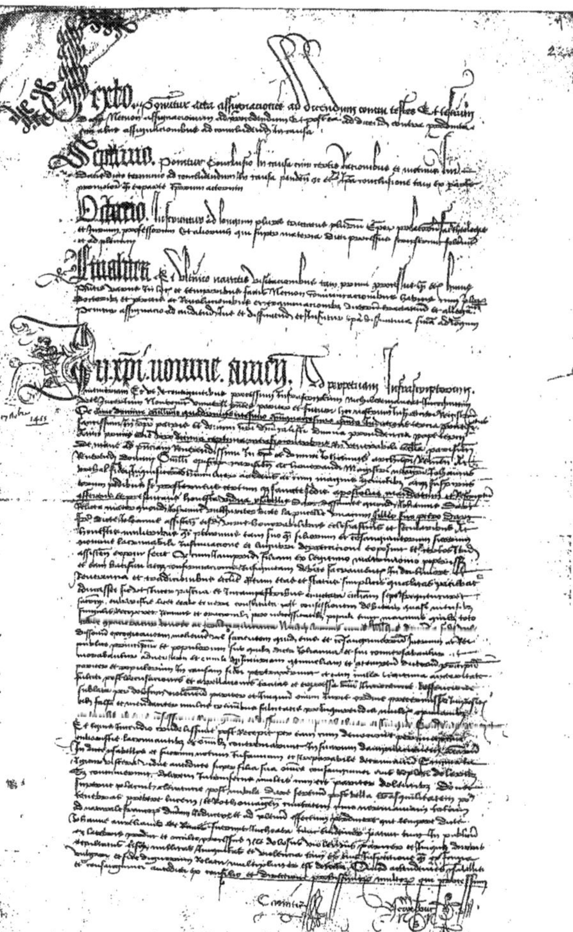

suivre l'histoire jusqu'à la mention de Denis II Godefroy[1]. Cette conjecture se fortifie quand nous regardons les trois fleurs de lys dessinées par le scribe comme indication pour l'enlumineur, l'esquisse du petit chevalier qui se trouve là pour la même raison, quand nous lisons la note marginale du fol. 120 r⁰, en face du mémoire d'Elie de Bourdeilles : *Hic de Clodoveo, Francorum rege primo christiano hystoria.* Ce sont certainement des indications personnelles qui semblent bien désigner le manuscrit royal, et il nous faut abandonner l'hypothèse du manuscrit familial.

Comment Edmond Richer a-t-il pu parler alors de la communication à lui faite de ce document par M. Charles du Lys? D'une manière assez simple.

Charles du Lys, avocat à la Cour des Aides[2], n'était pas un homme très rigoureux quand il s'agissait d'affirmer ses titres à la descendance de Jeanne d'Arc par le sang. Il était, je pense, tout à fait persuadé de son droit. Mais il faut avouer qu'au cours de ses recherches[3], où il a beaucoup varié[4], il

1. *Histoire de Charles VII*, 1661, in-fol., p. 903. Il dit en parlant du texte de la sentence de Réhabilitation : « Et comme cette déclaration est authentique, je la rapporteray cy comme en lieu où elle convient entièrement... ayant esté tirée du Trésor des Chartes du Roy qui se gardent à la Sainte Chapelle du Palais à Paris.... » C'est précisément devant cette sentence qu'on voit dans la marge du ms. Stowe les seuls mots français « 17 novembre 1455 », qui paraissent bien de la main de Denis Godefroy (Cf. H. Stein, *Album d'autographes de savants et érudits français*, pl. XVI).

2. Ce qui reste des papiers de Charles du Lys est conservé chez M. de Maleissye, son héritier, où se retrouve à la Bibliothèque de Carpentras, parmi les mss. de Peiresc, n⁰ 10. Vallet de Viriville a réuni les éléments de sa biographie dans l'édition qu'il a donnée de Charles du Lys, *Opuscules historiques relatifs à Jeanne d'Arc dite la Pucelle d'Orléans. Nouvelle édition précédée d'une notice sur l'auteur accompagnée de diverses notes et développements* par M. Vallet de Viriville, Paris, Aubry, 1856, in-12, XLVI, 114 p. (Le Trésor des pièces rares ou inédites). Charles du Lys, né vers 1559, mourut avant 1635.

3. Elles ont été nombreuses et longues. On en trouve les traces dans les documents (1609-1611) communiqués à M. Boucher de Molandon par M. de Maleissye qui accompagnent le fac-similé des lettres de Jeanne d'Arc.

4. Boucher de Molandon, *la Famille de Jeanne d'Arc, son séjour dans l'Orléanais, Tableaux généalogiques*, 1878, in-8⁰, et surtout Boucher de Molandon, *Pierre du Lys, troisième frère de la Pucelle. Extinction de sa branche en* 1501, Paris, 1890. M. Boucher de Molandon, en parcourant la série des pièces orléanaises à la suite des diverses enquêtes, a montré que la thèse généalogique de Charles du Lys, homologuée par les lettres patentes de 1612, est contraire à la vérité historique.

procédait surtout par des affirmations. Il se donnait comme l'héritier, contestant puis accueillant les titres d'autrui, tels ceux de Hordal, ou ceux des prétendus héritiers normands. A propos de l'inscription du Pont d'Orléans, Charles du Lys et son gendre Quatrehommes agitèrent tout le monde lettré d'alors pour l'intéresser à leur parente[1]. Il a falsifié le titre de la donation de l'Ile aux Bœufs pour les besoins de sa cause[2] et de celle de sa femme, madame de Cailly[3]. Il dut se présenter à Reims où il se fit remettre les lettres signées par Jeanne et adressées à cette ville : documents que l'archiviste Jean Rogier avait copiés et que Charles du Lys omit de restituer[4]. Il est tout à fait vraisemblable qu'il agit de même pour le manuscrit du Trésor des Chartes qui demeura un certain temps entre ses mains. C'est ainsi que Edmond Richer a pu dire qu'il avait eu par Charles du Lys communication du procès original que nous reconnaissons aujourd'hui dans le ms. Stowe. Quicherat constate que ce document, vu encore par Denis Godefroy, avait disparu du Trésor des Chartes à la Sainte Chapelle au XVIIIe siècle[5]. Je pense qu'il aura peut-être été volé, et qu'il passa en Angleterre, où Astle a pu en faire l'acquisition[6].

Résumons ici les renseignements donnés par des témoignages certains sur le manuscrit de la Réhabilitation déposé

1. *Recueil de plusieurs inscriptions proposées pour remplir les tables d'attente estans sous les statues du roy Charles VII et de la Pucelle d'Orléans...* Paris, 1613 et 1628 : citons Étienne Pasquier, Nicolas Bergier, Peiresc, François Maynard, P. Richelet, J. Hordal, Louis Dorléans, Louis et Abel de Sainte-Marthe, Malherbe, Mademoiselle de Gournay, la fille d'alliance de Montaigne, etc.

2. Le texte véritable dit : « La vie durant de lui et de Jean du Lis, son fils. » Charles du Lys ajoute : « aisné fils », pour appuyer ses revendications.

3. Charles du Lys avait épousé, vers l'année 1595, Catherine de Cailly, d'une famille orléanaise, femme charmante et lettrée, l'amie du très vieil Étienne Pasquier. Les Cailly se rattachaient au gentilhomme orléanais, dont le nom n'est donné par aucun document, qui aurait reçu Jeanne d'Arc en son manoir près de Chécy.

4. Sur ces lettres, voir C. de Maleissye, *Les lettres de Jeanne d'Arc*, Paris, 1911.

5. Quicherat, tome V, p. 449.

6. M. G. Cawardine écrit à l'éditeur du *Sunday Times* que Thomas Astle acquit les premiers manuscrits français de sa collection à Londres à la vente de M. de Calonne, émigré (1793).

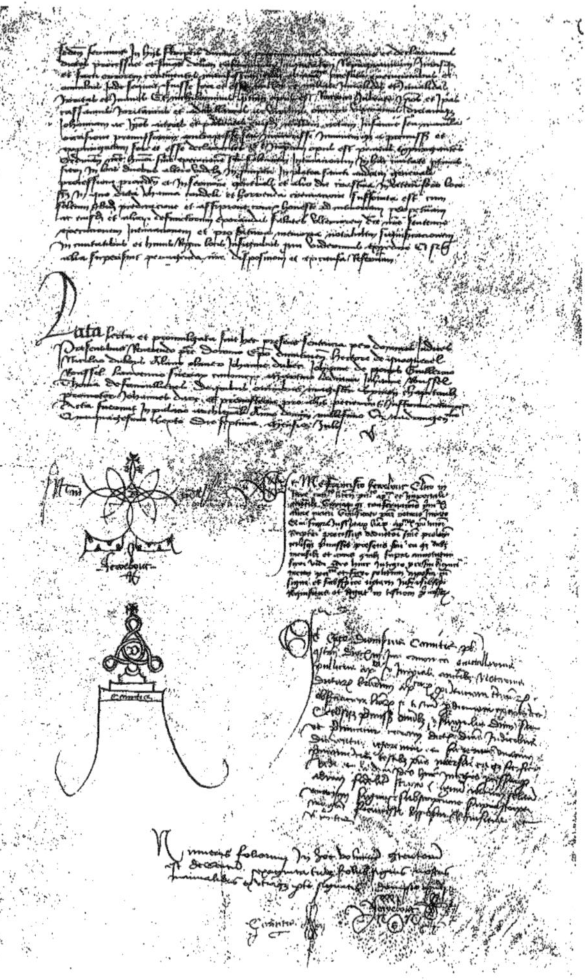

BRITISH MUSEUM, MS. STOWE 84

au Trésor des Chartes. Observons d'abord que ce sont les ayants cause de la Pucelle qui réclamèrent, dès 1456, le dépôt de ce document : *Insuper, ut haec vestra sententia ac reparatio ad hominum memoria non deleatur, si domino nostro regi placuerit, ut chronicis Franciae et Camerae sui Thesauri chartarum insereatur et recondatur memoriter, similiter decernendo*[1]. Mais il est certain que c'est Louis XI qui tira « le procès de la Pucelle de la Chambre des Comptes, où il avait été déposé, pour le faire passer dans le Trésor des chartes[2] ».

Au temps de Henri II, Jean du Tillet, sieur de la Bussière, greffier au Parlement, historiographe officiel, note dans ses preuves : « Proces et sentence de justification de Jeanne d'Arc, vulgairement appelée la Pucelle. Au Thresor, à part[3]. » En 1612, Jean Hordal écrit encore[4] : « En outre j'ai vu et lu dans un volume conservé au Iré, r de la Sainte Chapelle du Palais ladite sentence rendue par les délégués du Saint-Siège apostolique, où sont divers écrits en l'honneur de la Pucelle, entre autres : 1º le traité d'Elie, évêque de Périgueux; 2º le traité de Mᶜ Robert Cibole, chancelier de l'Université de Paris; 3º l'opuscule de Frère Jean Bréhal, de l'ordre des frères Prêcheurs.... » Rappelons enfin le passage de Denis Godefroy[5] qui dit avoir consulté ce document à la Sainte Chapelle.

Louis XI et Jeanne d'Arc! Rencontre singulière, mais qui ne doit pas nous surprendre. Louis XI, c'était le bel enfant

1. Quicherat, tome II, p. 261.
2. Quicherat, tome V, p. 254. Indication donnée par les anciens inventaires de la Chambre des Comptes, qui renvoient au fol. 91 du registre mémorial, côté O. Ce registre a péri dans l'incendie du Palais en 1723. La pièce ne paraît pas avoir été copiée entièrement.
3. *Recueil des traités d'entre les rois de France et d'Angleterre* (édit. de 1618, tome II, p. 364).
4. *Heroinae noblissimae historia...* Punti Mussi, 1612, p. 205. « Porro in eodem sacrosanctae Capellae Palatii regii Parisiensis thesauro, eodemque in volumine in quo praefatam delegatorum a sede apostolica judicum sententiam vidi et legi, extant varia in honorem Puellae scripta, atque in primis opus domini Heliae episcopi Petragoricensis. Secundo tractatus magistri Roberti Cyboli academiae Parisiensis Cancellarii. Tertio opusculum F. Joannis Brehalli ordinis Predicatorum, quibus animi magnitudo et constantia Joannae Puellae mirifice praedicatur.... »
5. « Et comme cette déclaration est authentique, je la rapporterai icy comme en lieu ou elle luy convient entierement... ayant esté

de sept ans, « gracieux seigneur et très bien formé et bien agile et habile[1] », que Guy et André de Laval aperçurent à Loches sortant de la collégiale, en juin 1429, à l'époque où le petit dauphin a pu voir la Pucelle. Jeanne a dû rencontrer l'enfant; il était alors partout question de son mariage avec Marguerite d'Écosse, qui scellerait l'alliance des royaumes de France et d'Écosse pour la ruine de l'Angleterre. Mais Jeanne savait bien que ce n'étaient « ni les rois, ni les ducs, ni la fille du roi d'Écosse, ou d'autres, qui recouvreraient le royaume de France[2] ». La fille au grand cœur a dû présenter à l'héritier ses vœux de prospérité et de bonheur. Car dans l'étrange recueil rédigé par un clerc allemand entre juillet et septembre 1429, la *Sibylla Franciae*[3], on lit cette prédiction mise dans la bouche de Jeanne d'Arc : « Après vingt ans passés au royaume de France le dauphin (Charles VII) dormira auprès de ses pères. Son fils aîné, l'enfant qui a aujourd'hui six ans, régnera dans la plus grande gloire et puissance royale qui aient été vues au royaume de France depuis Charlemagne. »

Superstitieux comme il était, le dauphin Louis n'a pas dû oublier les vœux et la prophétie le concernant, lui qui tant de fois marqua sa piété pour son patron Charlemagne. Une tradition recueillie par un clerc, Philippe de Bergame (*De claris mulieribus*, 1497), affirme même que Louis poursuivit « les faux juges » de Jeanne d'Arc, qu'il fit entreprendre son procès de justification, ordonnant de jeter au fumier les restes de l'un de ceux qui la condamnèrent[4]. Je sais bien que le clerc italien brouille tous les renseignements qui lui ont été donnés par un informateur contemporain de la Pucelle, qu'il confond le père et le fils. Aucun des juges de Jeanne n'a jamais été inquiété. Mais ce bruit est tout de même fort intéressant.

tirée du Tresor des Chartes du Roy qui se gardent à la Sainte Chapelle du Palais à Paris » (*Histoire de Charles VII*, 1661, p. 903). Denis Godefroy mourut en 1681. Il publia ses recherches sur le XVe siècle entre 1653 et 1661.

1. Quicherat, tome V, p. 106.
2. Quicherat, tome II, p. 436.
3. Quicherat, tome III, p. 465.
4. Quicherat, tome IV, p. 528.

Un fait certain est que le roi Louis nomma à l'échevinage d'Arras, ville frontière, un neveu de la Pucelle, Jean du Lys, et le pensionna[1]. Il agit de même fort généreusement envers le fils de son écuyer, Philippe d'Aulon[2]. On a vu qu'il avait fait déposer à la Sainte Chapelle le procès de Réhabilitation. Enfin Claude du Lys, procureur fiscal et administrateur de Domremy et de Greux sous son règne, a fait graver son nom sur la maison de la famille de Jeanne d'Arc[3] :

VIVE LABEUR. MIL CCCCIIIJ[xx]j. VIVE LE ROY LOIIS!

Il est temps de conclure. Nous tenons l'histoire complète du texte du procès de Justification. Elle est de plus fort logique.

Nous avons reconnu les trois exemplaires authentiques du procès de Réhabilitation de Jeanne d'Arc. Deux grands procès, contenant les mémoires des docteurs, ont été signés par les notaires de la cause et authentiqués par eux. L'un, le plus complet, est conservé à la Bibliothèque Nationale, ms. lat. 5970. Ce n'est pas, comme on l'a cru, le manuscrit royal, mais celui de la famille d'Orléans. L'autre, le ms. Stowe 84 du British Museum, est le manuscrit royal que Louis XI fit déposer au Trésor des Chartes, celui que Charles du Lys a eu un moment entre ses mains et qu'il communiqua à Edmond Richer. Le troisième exemplaire authentique n'est qu'un abrégé fait pour Guillaume Chartier, évêque de Paris, qui le légua à Notre-Dame où il fut conservé comme une relique avant de passer au temps de Louis XV à la Bibliothèque royale (Bibl. Nat., ms. lat. 17013).

Nous possédons ainsi tous les authentiques du procès de Réhabilitation de Jeanne. Fait surprenant dans l'histoire d'un texte, aucun chaînon n'a été rompu.

1. Quicherat, tome V, p. 228.
2. Ibid., tome III, p. 207.
3. Ibid., tome V, p. 245.

*_**

Il est maintenant aisé de faire la généalogie et de résumer l'histoire des autres manuscrits, d'indiquer leur intérêt tout historique, car pour l'établissement du texte ils n'en ont pas.

Le manuscrit qui commande toute la tradition est, l'on s'en doute, le manuscrit de Notre-Dame (ms. lat. 17013). Une copie authentique de ce document, faite en 1475 par deux notaires parisiens, Jean Cordier et Pierre Mesnart, est à la Bibliothèque du Vatican, fonds de la reine Christine, n° 1916. C'est encore ce même texte de Notre-Dame qui a servi à faire une copie célèbre, qui engendra à son tour une foule d'autres copies. Je veux parler du célèbre manuscrit de Saint-Victor, aujourd'hui conservé à la Bibliothèque Nationale, ms. lat. 14665. C'est un gros volume de format in-4°, de 571 feuillets de papier entremêlé de parchemin, dans sa reliure ancienne de veau fauve ciselée ayant perdu ses ais. Cette copie a été faite par les soins de Nicaise de Lorme[1], abbé du couvent entre 1488 et 1516, qui prit une part importante à la construction de la célèbre bibliothèque. L'auteur de la table détaillée qui remplit les feuillets de garde (*Que sequuntur hic habentur*) est l'abbé Claude de Grandrue le Vieux, dont nous conservons tant de notices exactes et détaillées, celui qui rédigea le célèbre catalogue dont l'original autographe est encore déposé à la Bibliothèque Nationale (ms. lat. 14767).

Le texte de Saint-Victor a joui d'une extrême célébrité. Du vivant de Nicaise de Lorme, il a été prêté à Valeran de Varanis, l'auteur d'un poème latin sur la Pucelle[2]. A l'époque de Louis XII, il a servi à compléter le texte du ms. de d'Urfé dont nous reparlerons. Étienne Pasquier, l'ami de Charles du Lys, dit qu'il a fait son instruction sur ce manuscrit. Nous

---

1. Fol. 2 v° « *Iste liber est sancti Victoris Parisiensis quem fecit fieri frater Nicasius de Ulmo, abbas hujus ecclesie. Quicumque eum furatus fuerit vel celaverit aut titulum istum deleverit anathema sit.* »
2. Quicherat, tome V, p. 89.

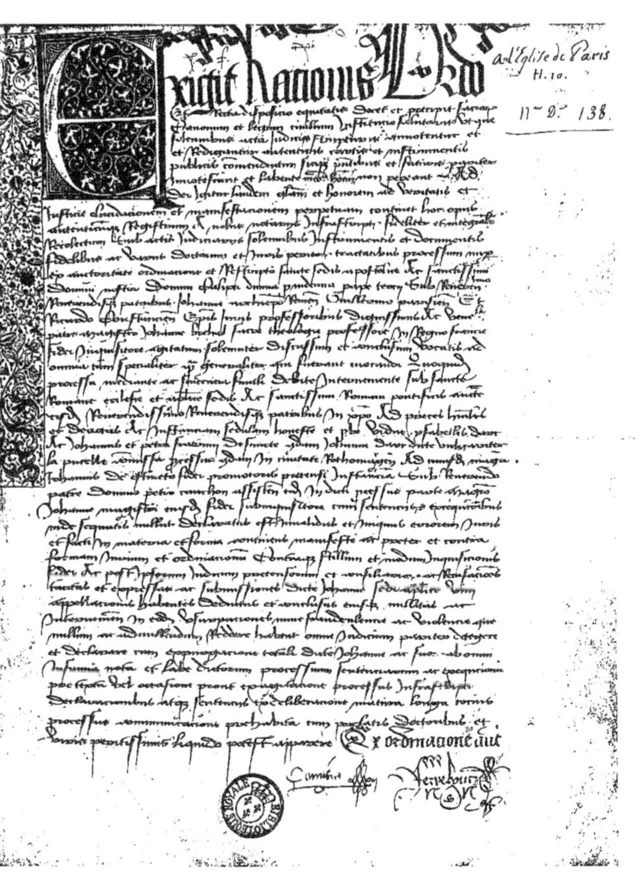

BIBL. NAT., MS. LAT., 17013 (NOTRE-DAME)

lisons au fol. 570 v° les vers qu'il consacra à Jeanne d'Arc :
Insignia Joannae Vallicoloreae in ducatu Barrensi cognomento Puellae partim a Steph. Paschasio :

> Jana vocor, Genabo numen, metuenda Britannis
> Vixi : Gallorum duxque, decusque, fui.
> Viva ego liligeri stabillivi moenia regni :
> Mortua, liligerum Rex mihi stemma dedit.

Ces vers ont été récrits d'une encre plus noire sur une version plus ancienne. Au fol. 571 r°, la signature : *Fr. Johannes Patin Victoris d. cenobii professionis hunc curavit literis mandari* 1532. Au verso, on trouve le signum de la Chancellerie du temps de Henri III et la mention : *ex cenobii Sancti Victoris Parisiensis bibliotheca.*

Les copies du journal du siège d'Orléans et du procès de condamnation remplissent la première partie du volume. La copie du procès de Réhabilitation commence au fol. 350. Sur les feuillets blancs (fol. 343-348), une main du xvie siècle a transcrit les arrêts rendus en 1529 contre le malheureux gentilhomme d'Artois, Louis de Berquin, l'ami d'Erasme, étranglé et brûlé sur la place de Grève pour avoir professé des opinions évangéliques et conservé des livres interdits par les cagots de la Sorbonne. Rencontre admirable, et qui fait ici rêver !

La copie du procès de Réhabilitation débute par une petite lettre enluminée E où l'on voit une femme en cotillon et coiffe de paysanne avec des chausses rouges, une épée et une hallebarde. L'artiste a voulu représenter, comme il est écrit dans la banderolle, *la Pucelle* : c'est l'une des plus anciennes représentations de Jeanne d'Arc. A la suite du texte du procès de Réhabilitation, le copiste a écrit cette note que nous retrouverons sur tant d'autres copies : *Certiores omnes facimus quod originalem jam dicte Puelle processum a quo hic extractus immediate constitit in quodlibet sui folio signatum* COMITIS *et* FERREBOUC *extare* (fol. 570).

Une copie presque contemporaine, qui date du temps de

Louis XII, est le manuscrit de Genève 86 qui fut donné
à la ville par « Jean-Jacques Rousseau, citoyen ». C'est sur
le manuscrit de Saint-Victor que fut encore copié au XVIe siècle
un autre texte mal identifié par les critiques nos devanciers,
conservé à la Bibliothèque Nationale sous le n° français 7602
(anc. suppl. fr. 350[11]). Il ne s'agit que d'un extrait précédé
d'un argument[1] assez intéressant rédigé et signé par Claude
de Han, « curé de Puneroy » en 1576[2]. C'est le texte que nous
retrouvons au commencement du XVIIe siècle dans le ms.
fr. 7601 (anc. suppl. fr. 350[10]; dans le ms. n. acq. fr. 7152,
collection de Brienne, n° 181), qui date du XVIIe siècle, aux
armes de Loménie; dans la copie du même temps conservée aux
Arch. Nat., U. 820. Une autre copie du XVIIe siècle faite sur le
ms. de Saint-Victor est encore représentée par le ms. lat. 11801.

Enfin nous signalerons, comme dérivés plus indépendants,
les simples extraits faits au XVIe siècle dans une traduction
française dont un exemplaire se trouve à la Bibliothèque de
Bologne, n° 1234 (même texte que le ms. perdu de Rohan
Soubise), et à la Bibliothèque de l'Arsenal, n° 2148 (XVIIIe siècle).

*
* *

Ajoutons enfin que certains mémoires n'ont pas été, pour
une raison que nous ignorons, recueillis dans les exemplaires
authentiques du procès de Réhabilitation. Tel est le cas de
celui de Theodorus de Leliis contenant une réfutation des
douze articles du procès de Condamnation.

A cet égard, le ms. lat. 9790 (anc. suppl. lat. 1033) est fort
précieux[3]. Il contient une série de copies faites en 1787 sur des

---

1. « L'an mil IIIIe XXIX du temps du roy Charles VIIe.... » Une autre
notice de l'écriture du corps du manuscrit : *Post Johanne mortem
cum longe lateque Angli...* fol. 131.

2. On lit encore au fol. 3 : *Claudius de Han me habet.* Ce possesseur,
l'auteur de la notice, était un curé Lorrain. Du Han est en Barrois;
Punerot, dans les Vosges, arrondissement de Neufchâteau, canton de
Coussey?

3. Non moins intéressant est le ms. lat. 13837, datant de la seconde
partie du XVe siècle.

manuscrits de Rome concernant Jeanne d'Arc. On lit sur le feuillet de garde :

« Ces différends traités ont été copiés sur les manuscrits de la Bibliothèque du Vatican à Rome par les ordres de M. le baron de Breteuil, ministre et secrétaire d'État. Ceux qui ont fait ces copies en ont été chargés par S. E. Mgr le cardinal de Bernis, associé honoraire de l'Académie des Belles Lettres et ambassadeur du roi auprès du Pape. Ce cardinal les a adressés à M. le baron de Breteuil, lequel, après avoir consulté le comité de cette Académie pour l'examen de la Notice des manuscrits de la Bibliothèque du Roi, les a envoyés à cette Bibliothèque pour y être reliés sous le n° ... *bis*, comme étant une dépendance du recueil de la Bibliothèque, qui contient la grosse du procès de Revision et de Justification de Jeanne d'Arc. La raison en est que ces traités pour la plupart ne sont pas dans le manuscrit de ce procès qui en contient plusieurs, en sorte que le présent volume achève de le compléter. »

1° Le Songe de la Pucelle, ex codice ms. chart. Bibl. Vat. Alexandrinæ n° 1323, p. 144, — poème français qu'il est au moins étrange de voir recueilli ici.

2° P. 2. Ex cod. ms. chart. Vat. n° 3878, p. 137 : *Circa articulos elicitos ex confessionibus Johanne vulgo dicte la Pulcela....*

3° P. 26. Même manuscrit p. 147. *Jesus et gloriosus Hieronimus. Summarium tocius processus habiti contra Janetam vulgo dictam la Pulcela. Inchoatus fuit processus per dominum Petrum tunc Belvacensem episcopum....*

4° Ex codice ms. membraneo Bibl. Vatic. Ottobonianæ, n° 2284... *Theodoricus auditor rotae....* Une note de l'amanuensis indique que ce *sommaire*, et la *défense* qui précède, sont autographes, et il affirme reconnaître la main de Theodorius de Leliis, auditeur du Palais apostolique, qui a annoté pas mal d'autres manuscrits du Vatican.

P. 42. Extraits et copies d'après le ms. Ottobonien 2284. (Ce manuscrit a appartenu autrefois au couvent des Dominicains de Vienne.)

1º [Defensio et consultatio ad favorem Joanne autore Theodoro de Leliis...] *Circa articulos*, fol. 45. (Une note, p. 68, dit que cette défense se trouve aussi dans le ms. Vat. 3878.)

2º [Consultatio et defensio in favore ejusdem auctore Paulo Pontano advocato consistoriali...] *Primus articulus continet*, fol. 68 vº — 84.

3º [Brevis tractatus [de Jean Bréhal] quo per recapitulationem confessionum Johanne repelluntur crimina ejus que ipsi injuste in cedula abjurationis impinguntur.] *Quia ipsa Johanna in cedula*, fol. 84 vº — 90.

4º [Articuli duodecim...] *Quedam femina dicit* (fol. 90 vº).

5º [Forma abjurationis...' *Quotiens humane mentis oculis* (fol. 96).

6º [Forma sententie post abjurationem...] *In nomine Domini, amen. Universos ecclesie pastores...* (fol. 97).

7ᵇ [Forma sententie diffinitive.] *In nomine Domini, amen. Quociens heresis pestiferum virus...* (fol. 98 vº).

8º [Epistola fratris Johannis Brehalli, inquisitoris fidei, nomine regis Francie ad fratrem Leonardum N., ordinis Predicatorum conventus Vienne missa, qua postulat ut super processu contra Johannam habita consilium suum interponat...] *Jesus. Sincere religionis ac preclare fame viro fratri Leonardo N. sacre theologie eximio professori lectorique conventus Vienne in Theutonia, ordinis fratrum Predicatorum... Post sincere venerationis officium* (fol. 99).

*
* *

Si l'histoire de la rédaction définitive du procès de Réhabilitation de Jeanne d'Arc est désormais close, un problème demeure toujours, celui de la rédaction primitive, ou plutôt de la forme première abandonnée par les notaires de la cause, Denis le Comte et François Ferrebouc.

Ici nous n'avons guère à modifier ce qu'a dit Jules Quicherat

dans l'analyse, si pleine d'intuition et de science, qu'il a faite
du ms. dit de d'Urfé[1].

Il s'agit de ce très grand volume conservé à la Bibl. Nat.,
ms. lat. 8838, dans une reliure de maroquin olive, avec les
armes de la maison de d'Urfé sur un écusson de cuivre, et
des coins aux chiffres I C à la devise UNI, et qui porte sur son
dos de maroquin rouge les L affrontés et couronnés de
Louis XVIII.

J'ai déjà parlé de ce manuscrit, après Jules Quicherat,
dans ma notice critique du Procès de Condamnation[2].
J'indiquerai donc seulement que ce manuscrit comprend
294 feuillets, cotés d'abord en chiffres romains de I à XXXj,
puis de 1 à 261, en chiffres arabes. Quicherat a noté soigneu-
sement que ce recueil comprend deux types d'écriture et fait
remarquer qu'il avait été composé à deux époques. Une
écriture date du XVIe siècle, tandis que l'autre est une écriture
courante de la seconde moitié du XVe siècle. Notre recueil
comprend, de la main du XVIe siècle : 1º la copie du journal
du siège d'Orléans : « Petit traicté par maniere de cronique »,
fol. I-XXX; 2º de la main du XVIe siècle, le texte du procès de
Condamnation (fol. 1-17); 3º de la main du XVe siècle : « Item
dit que la damoiselle de Luxembourg », fragment de la minute
française qui ne se rencontre que là (fol. 17 rº, 34 rº); 4º de
la main du XVe siècle, le texte complet du procès de Condamnation (fol. 34 rº-100); 5º de la main du XVe siècle, la dépo-
sition de Jean d'Aulon au procès de Réhabilitation (procès-
verbal des séances du 9 et du 10 juin, fol. 100-104), avec
l'intercalation d'un feuillet du XVIe siècle, fol. 101; 6º de la
main du XVIe siècle, un fragment d'un mémoire en faveur de
Jeanne, puis l'information posthume (fol. 104-110), texte
copié sur le manuscrit de Saint-Victor : *finis processus con-
demnationis libri Sancti Victoris*; 7º de la main du XVIe siècle,
le début de la rédaction définitive du procès de Réhabili-

1. Quicherat, tome V, p. 438-447.
2. Voir le fac-similé.

tation, fol. 112 r⁰ : *Hic est initium libri absolutionis. Exigit rationis ordo*; 8⁰ de la main du xvᵉ siècle, un texte divergent : *Continet istud opus processum judicialem* (Quicherat, tome III, p. 367-387), morceau analysé par Quicherat et en partie publié par lui, formant ce qu'il appelle la rédaction primitive du procès de Réhabilitation, où la procédure est mise en forme de récit dans la bouche des juges... *In Christi nomine amen. Ad perpetuam infra scriptorum memoriam, universis presentes litteras inspecturis Johannes miseratione divina archie-piscopus et dux Remensis, primus par Francie; Guillermus Parisiensis et Ricardus Constanciensis, episcopi, delegati et comissarii in hac parte a sanctissimo in Christo patre et domino nostro, domino Calisto, divina providentia papa tercio, cause et partibus infrascriptis speciale deputati, salutem...* tandis que dans les copies authentiques, nous possédons le procès-verbal rédigé au nom des notaires de la cause. Le document se poursuit sous cette forme originale jusqu'au fol. 240 v⁰, pour s'arrêter à un passage du mémoire justificatif de Martin Berruyer : *Brevissimo temporis spacio Cenomania, Normania, Acquitania que multis annis per Anglicos occupata fuerat absque pene sanguinis Gallorum effusione...*; 9⁰ de la main du xvⁱᵉ siècle, copie de la rédaction définitive du procès de Réhabilitation d'après le manuscrit de Saint-Victor ou de Notre-Dame (fol. 241 r⁰,-290 r⁰) : *Hic est finis libri absolutionis Johanne d'Arc dicte vulgariter La Pucelle.*

Aucune indication utile sur les feuilles de garde, puisqu'elles sont nouvelles et datent du temps de la reliure, pour fixer l'histoire de ce manuscrit. M. de l'Averdy l'avait trouvé au Dépôt de Législation et des Chartes et Monuments historiques[1], place Vendôme, en 1790 (*Notices*, III, p. 176), et l'avait signalé, sans en comprendre la valeur, ni expliquer sa composition. Il est bien vraisemblable, comme le dit Jules Quicherat, que

---

1. Le dépôt des Chartes, fondé en 1762 et installé en 1769 dans une maison de la place Vendôme, fut réuni par décret en 1790 à la Bibliothèque du roi (H. Omont, *Inv. des manuscrits de la collection Moreau*, p. 13; décret, p. 168).

ce manuscrit vient de Claude d'Urfé (1502-1558), qui adopta après la mort de sa femme Jeanne de Balzac (1542) la devise UNI. Or Jeanne de Balzac était l'héritière lettrée de sa mère Anne de Graville, fille de l'amiral, qui avait fait faire au temps de Louis XII une traduction française du procès de Jeanne d'Arc. Fevret de Fontenette[1] le possédait en 1769 : il le tenait d'un M. Thomas d'Ylan qui l'avait eu d'Honoré d'Urfé, l'auteur de *l'Astrée*, petit-fils de Claude d'Urfé. Dans tous les cas, la reliure est moderne. Elle a été refaite vers 1820. Les cuivres ne sont pas anciens.

Mais ce que Quicherat a montré d'une manière définitive c'est : 1º que le manuscrit d'Urfé représente une rédaction d'essai du procès de Réhabilitation; 2º que dès le XVe siècle les cahiers furent attachés malencontreusement; 3º qu'au XVIe siècle le manuscrit, très délabré, fut réparé et complété par de nouveaux cahiers dont la matière fut empruntée au manuscrit de Saint-Victor; 4º que tout ce qui est de l'écriture la plus ancienne dans le manuscrit d'Urfé a la valeur d'un original; que tout ce qui est d'une main postérieure est sans valeur aucune.

CONCLUSIONS

L'établissement du texte du procès de Réhabilitation est maintenant fort simple.

Le manuscrit de la Bibliothèque Nationale latin 5970 doit être pris pour base, puisqu'il est le plus complet des authentiques. Le manuscrit Stowe peut servir à corriger ce texte dans les leçons douteuses, et il convient de lui emprunter, pour former un texte complet, le mémoire du chapitre VIII qui manque au manuscrit latin 5970. Ce texte sera désigné par la lettre S. — Ce n'est que dans un appendice qu'il con-

---

1. Notes de Léopold Delisle (Bibl. Nat., ms. fr. n. acq. 5528) « Codex membraneus in folio, olim Honorati d'Urfé, postea de Fevret de Fontenette. Provenu du Cabinet des Chartes ». On lit dans le haut de la marge : Suppl. lat. 1383 et le mot Baluze rayé par la main du bibliothécaire.

viendra par contre de comprendre les mémoires fournis par les autres manuscrits, et qui n'ont pas trouvé place dans la rédaction définitive et authentique, tels ceux de Théodore de Leliis et de Paulo Pontano.

Quant au manuscrit de Notre-Dame (Bibl. Nat., ms. lat. 17013), qui sera désigné par les lettres N.-D., on ne peut qu'en donner les variantes principales dans des notes. Le manuscrit dit de d'Urfé (ms. lat. 8838) est un essai indépendant qui ne saurait être publié qu'en appendice.

Chose rare, peut-être unique dans l'histoire de l'établissement d'un texte, nous possédons tous les manuscrits originaux authentiqués par les notaires de la cause de la Réhabilitation, celui de la maison d'Orléans, celui du roi, l'abrégé de Notre-Dame. Aucun n'a été perdu. Cela montre, en passant, l'intérêt que le monde a toujours pris à la conservation des reliques de la sainte de la Patrie et à l'effort fait pour réparer la grande injustice.

14040. — Imprimerie Paul BRODARD et Joseph TAUPIN réunis.
Coulommiers. — Paris. — 6-30.